Couvertures supérieure et inférieure manquantes.

SCIENCE ET RELIGION
Études pour le temps présent
SÉRIE HISTORIQUE
publiée sous les auspices de la Société Bibliographique

ORIGINES DE LA VIE RELIGIEUSE

LES MOINES
DE L'AFRIQUE ROMAINE

(IVe ET Ve SIÈCLE)

PAR

DOM BESSE
Bénédictin de l'abbaye de Ligugé

TOME SECOND

PARIS
LIBRAIRIE B. BLOUD
4, RUE MADAME ET RUE DE RENNES, 59
1903

Imprimi potest

Fr. Josephus Bourigaud

Abba sancti Martini de Locogiaco

Permis d'imprimer

Paris, le 15 mai 1902.

H. Odelin

v. g.

Origines de la vie religieuse

LES MOINES DE L'AFRIQUE ROMAINE

(IVe-Ve SIÈCLE)

CHAPITRE V

LES RELIGIEUSES EN AFRIQUE

Influence des moines sur les religieuses. Les moniales d'Hippone. Doctrine de saint Augustin sur la virginité.

Depuis longtemps déjà, les vierges consacrées et les veuves faisaient l'honneur de l'Eglise d'Afrique. Tertullien et saint Cyprien l'attestent. Mais le vœu de chasteté, sanctionné par la bénédiction de l'évêque, n'entraînait pas à sa suite l'obéissance et la pauvreté évangéliques, sans lesquelles il ne peut y avoir de vie religieuse véritable. Aussi ces vierges et ces veuves ne doivent-elles pas être confondues avec les moniales. Plusieurs, il est vrai, vivaient en commun ; mais cette cohabitation ne suffit pas pour en faire des religieuses.

Peut-on, dès lors, attribuer à saint Augustin l'honneur de les avoir, le premier, groupées en communautés monastiques ? Tillemont est porté à le dire, sans vouloir néanmoins se prononcer d'une manière absolue (1). Les Bénédictins de Saint-Maur partagent sa réserve (2). De fait, on ne trouve aucun vestige de cette institution avant l'époque de son arrivée. Elle apparaît pour la première fois au troisième concile de Carthage, c'est-à-dire en 397. Il y est prescrit aux évêques et aux prêtres de placer dans les monastères de femmes les vierges consacrées privées de leurs parents (3). Cela suppose des monastères assez nombreux. Or, comment pareille diffusion aurait-elle pu se faire en si peu d'années, sans laisser de trace dans la correspondance et dans les écrits de saint Augustin ? Comment s'expliquer le silence de son biographe sur une chose si honorable pour lui ?

Les moniales, qu'elles aient devancé ou non les religieux, ont subi promptement leur influence. Là comme partout ailleurs, les femmes rivalisèrent de zèle avec les hommes. L'historien ne peut, à la vérité, suivre leur développement ; il en est réduit à constater le seul fait de la présence en Afrique, à la fin du IVe siècle et au commencement du Ve, de monastères nombreux, sans pouvoir dire même où ils étaient établis. L'Église d'Hippone en possédait plusieurs (4).

(1) Tillemont, XIII, p. 160.

(2) *Vita S. Augustini*, l. III, c. V, n. 8. P. L., XXXII, col. 182.

(3) Labbe, *Collectio conciliorum*, t. II, col. 144.

(4) *Monasteria virorum ac feminarum continentibus cum suis præpositis plena, Ecclesiæ dimisit.* (Possidius, c. XXVII et XXXI, col. 56 et 64. Tillemont, XIII, p. 160).

L'un d'entre eux, situé dans la ville était, de la part, d'Augustin, l'objet de la plus grande sollicitude. Il l'avait planté pour être le jardin du Seigneur. Sa nièce et sa cousine germaine y embrassèrent la vie monastique, et sa sœur, qui s'était consacrée au service de Dieu après la mort de son mari, l'avait gouverné jusqu'à son trépas. L'évêque prenait grand soin d'y entretenir le zèle et la ferveur. Les âmes saintes et pures qu'il y avait réunies et en qui Dieu répandait ses grâces les plus abondantes, donnaient à son cœur une consolation qui lui faisait oublier plus facilement les peines dont l'abreuvaient les ennemis de l'Eglise et de la foi.

Malheureusement, cet asile de paix fut bientôt troublé par la dissension. La sœur d'Augustin avait eu pour lui succéder après sa mort une religieuse des plus anciennes de la maison, qui jouissait de l'estime et de l'affection de ses sœurs. C'est probablement cette Félicité que l'évêque d'Hippone encourage, dans une de ses lettres, à supporter avec patience la tribulation et à ne pas craindre de reprendre les coupables (1). L'arrivée d'un nouveau prêtre provoqua, on ne sait comment, un changement de dispositions à son endroit chez plusieurs de ses filles. Il en résulta des contentions, des jalousies, des animosités, des murmures et des médisances. Les mécontentes réclamaient une autre supérieure. Le saint évêque ne pouvait condescendre à une pareille exigence, qui eût compromis la discipline et les intérêts du monastère.

(1) Aug., ep. 220, col. 957-958.

Craignant que sa présence n'excitât encore des troubles et qu'il ne fût obligé de sévir contre les coupables, il refusa même de les visiter et leur écrivit une lettre pour leur montrer la gravité de leur faute et les exhorter au repentir (423) (1).

Ces moniales rendaient à l'Eglise un service appréciable en se chargeant de l'éducation des jeunes orphelines confiées à la vigilance des évêques (2). Elles admettaient encore des enfants présentées par leurs père et mère. La fille du prêtre Januarius était élevée dans un de ces monastères (3).

L'enthousiasme de saint Augustin pour la chasteté chrétienne, qui a inspiré ses livres *De sancta Virginate* (4) et *De Bono viduitatis* (5) et qui éclate si souvent dans ses lettres et dans ses sermons, se communiquait autour de lui et ne contribuait pas peu à remplir les monastères de vierges et de veuves. Elles trouvaient là des secours inappréciables pour conserver intacte une vertu qui les rendait la partie la plus noble du corps mystique de Jésus-Christ (6).

Elles avaient à mener sur terre la vie que les anges mènent au ciel et à inaugurer dès ici-bas ce qu'elles seront durant toute l'éternité (7). L'Eglise ne leur

(1) Id., ep. 211, 958-965.

(2) Id., ep. 252. 1609. C'est du moins le sens que lui donne Tillemont, p. 160.

(3) Id., serm. 355, col. 1571.

(4) P. L, XL, 395-429.

(5) Id.. 429-451.

(6) Id., *De sancta Virginitate*, c. II, col. 397.

(7) Id., serm. 132, XXXVIII, col. 736.

proposait pas la chasteté folle et orgueilleuse du manichéen, qui condamne et méprise le mariage, ni la continence égoïste de celui qui ne veut point supporter les charges d'une famille. La chasteté religieuse est une vertu à la fois humble et pleine de noblesse; elle est surtout un grand acte d'amour de Dieu (1). Elle consacre le corps au Seigneur et elle veut maintenir le cœur dans une pureté céleste. Elle doit éviter même un regard inoffensif, s'il peut en résulter pour elle le moindre trouble (2). Mais laissons parler Augustin ; il s'adresse à ses religieuses d'Hippone : « Dans votre démarche, dans votre tenue, dans votre extérieur, dans vos mouvements, que rien ne provoque chez qui que ce soit la moindre pensée impure ; que tout, au contraire, soit en harmonie avec la sainteté de votre profession. Que vos yeux ne se fixent sur personne... N'allez point dire que votre âme est pure si votre regard ne l'est point (3). » Il les exhorte à se faciliter, par une surveillance fraternelle, la pratique de ses conseils. Il ajoute à cette modestie des yeux une importance telle qu'il ordonne de punir sévèrement et au besoin, de congédier la moniale qui s'obstine à la violer, « dans la crainte que cette contagion ne cause la mort d'un grand nombre (4) ». Il avait ses raisons pour tenir ce langage.

Cette insistance explique certaines prescriptions du

(1) Aug., *De sancta Virginitate*, col. 400-412.

(2) *Sed etiam licitum contemnatis aspectum*. Id., serm. 132, col. 736.

(3) Id , ep. 211, col 961.

(4) *Ne contagione pestifera plurimas perdat*. (Ibid., col. 962.)

troisième concile de Carthage (1), qui interdit aux moines et aux clercs de visiter les vierges et les veuves sans la permission de l'évêque ou du prêtre qui en était chargé, et encore devaient-ils être accompagnés de clercs ou de personnes désignées à cet effet. Les évêques et les prêtres eux-mêmes ne devaient se présenter chez elles qu'en la compagnie de clercs ou de chrétiens recommandables par leur gravité. L'évêque d'Hippone lui-même donnait l'exemple en ne visitant les monastères de femmes que bien rarement et lorsqu'une nécessité réelle lui imposait ce devoir (2).

Il n'était pas moins sévère quand il s'agissait de tenir les femmes à l'écart des monastères d'hommes. « Il ne doit jamais y avoir de femmes, disait-il, dans la demeure des serviteurs de Dieu, même les plus chastes, de peur de scandaliser les fidèles et d'autoriser des cœurs faibles à prendre une liberté périlleuse pour eux (3). » C'est ainsi qu'il refusa d'admettre dans son monastère épiscopal sa sœur, sa cousine et sa nièce. Lorsqu'une femme demandait à l'entretenir, il se faisait toujours accompagner d'un témoin, lors même qu'elle aurait eu des secrets à lui confier (4).

(1) Labbe, II, 1403. Cette prescription est relative aux vierges et aux veuves vivant soit dans leurs familles, soit dans les monastères.

(2) *Feminarum monasteria nonnisi urgentibus necessitatibus visitabat.* (Possidius, c. XXVII, col. 56.)

(3) *Nunquam debere feminas cum servis Dei, etiam castissimis, una domo manere, ne... aliquod scandalum aut offendiculum tali exemplo poneretur infirmioribus.* (Possidius, c. XXVI, col. 55.)

(4) Possidius. ibid.

Les moniales d'Hippone n'étaient point soumises à la clôture telle qu'elle est comprise et appliquée depuis le concile de Trente. Bien qu'elles eussent dans l'intérieur du monastère un oratoire où elles célébraient l'office divin (1), elles se rendaient parfois à l'église de la cité (2). Il leur arrivait encore d'aller ensemble dans des lieux où des hommes se trouvaient réunis (3). On leur permettait de sortir soit pour aller au bain, soit pour tout autre motif. Mais alors jamais une religieuse ne sortait sans être accompagnée de deux sœurs que la supérieure désignait (4).

La communauté avait à sa tête une prieure, ou *præposita*, à qui toutes devaient obéir comme des filles à leur mère. Saint Augustin résume les principaux devoirs de sa charge dans ces paroles empruntées à l'Apôtre : « Qu'elle se montre aux yeux de tous le modèle de la fidélité aux bonnes œuvres. Qu'elle corrige les turbulentes, qu'elle console les pusillanimes, qu'elle soulage les infirmes, qu'elle soit patiente à l'égard de toutes, qu'elle ait en main l'autorité qui châtie, mais qu'elle ne l'exerce jamais sans crainte (5). » Elle avait pour la seconder et la con-

(1) Aug., ep. 211, col. 960.

(2) *Quando ergo simul estis in ecclesia, et ubicumque ubi et viri sunt.* (Ibid., col. 962.)

(3) Ibid.

(4) *Nec eant ad balneas, sive quocumque ire necesse fuerit, minus quam tres. Nec illa quæ habet aliquo eundi necessitatem, cum quibus ipsa voluerit, sed cum quibus præposita jusserit, ire debebit.* (Ibid., col. 963.)

(5) Ibid., col. 964.

duire au besoin un prêtre, ou *præpositus*, sur qui pesait la responsabilité des âmes (1). Il intervenait quand il s'agissait de punir une faute grave. Dans certains cas, il fallait s'adresser à l'évêque lui-même (2). Le nom d'un *præpositus* de moniales nous a été conservé. C'est le prêtre Rusticus, à qui saint Augustin adresse son épître 210, conjointement avec Félicité (3). Evodius parle d'un certain Jobinus, qui était attaché au service des servantes du Christ, sans parler de son sacerdoce (4).

(1) Ibid. — (2) Ibid., col. 962.
(3) Id., ep. 210, col. 957.
(4) Id., ep. 163, col. 708.

CHAPITRE VI

LES RÈGLES DE SAINT AUGUSTIN

La règle des apôtres. Influence du monachisme oriental. Une lettre de saint Augustin. Organisation du monastère. Saint Augustin et saint Benoît.

En parlant du monastère d'Hippone, Possidius dit que saint Augustin y vécut avec les serviteurs de Dieu, suivant la règle établie par les saints Apôtres (1) dans l'Eglise de Jérusalem. Le saint évêque, pour faire connaître à son peuple la loi que suivaient les moines-clercs de sa maison épiscopale (2), ordonna au diacre Lazare de lire le texte des Actes des Apôtres où saint Luc parle de l'union et de la pauvreté des premiers chrétiens de la cité sainte (3). Afin de mieux inculquer sa pensée, il prit lui-même le livre sacré et

(1) *Et cum Dei servis vivere cœpit secundum modum et regulam sub sanctis Apostolis constitutam.* (Poss., v, col 37.)

(2) *Quomodo autem vivere velimus, quomodo Deo propitio jam vivamus, ad commemorandos vos, ipsa de libro Actuum Apostolorum vobis lectio recitabitur, ut videatis ubi descripta sit forma quam desideramus implere.* (Aug., serm. 356, XXXIX, 1574.)

(3) Act., IV, 31-35.

recommença la lecture. « Vous avez entendu ce que nous voulons faire, dit-il alors ; demandez à Dieu de nous donner la force de l'exécuter (1). »

Cassien et les moines de l'antiquité ont, à l'exemple de saint Augustin, considéré les premiers chrétiens de Jérusalem comme les modèles de la vie cénobitique. Ce n'est pas le lieu d'examiner s'ils étaient véritablement des moines, et si l'on peut, avec l'auteur des *Conférences des Pères*, faire remonter jusqu'à eux les origines du monachisme. Il suffit pour le moment de constater l'influence que le récit des Actes des Apôtres a exercée sur saint Augustin et sur l'établissement des premiers monastères africains. Le texte sacré formulait nettement la loi fondamentale de la pauvreté religieuse. C'est ce qui lui valait le titre de règle, *Regulam sub sanctis Apostolis constitutam*. Il était complété par l'ensemble des préceptes et des conseils que renferme l'Evangile, et dont la pratique est le chemin assuré de la perfection à laquelle tendaient les moines. Pendant assez longtemps, ils purent se contenter de cette règle divine. Les abbés, et surtout ceux à qui leur sainteté extraordinaire, la sûreté de leur doctrine spirituelle et le nombre de leurs disciples ont mérité l'honneur de passer pour les Pères de la vie monastique, en organisèrent la pratique par des prescriptions que l'usage fortifiait et éclairait, et qui, en se transmettant de pays en pays, finirent par former une tradition généralement acceptée. Les déserts d'Egypte furent leur

(1) *Audistis quid velimus, orate ut possimus.* (Aug., ibid., 1575.)

point de départ. Et saint Augustin les a résumées dans son livre *De moribus Ecclesiæ catholicæ :*

« Qui n'admirerait et ne célébrerait ces hommes qui, après avoir méprisé et abandonné les plaisirs du monde, et s'être réunis pour mener une existence très chaste et très sainte, vivent toujours ensemble, occupés à la prière, à l'étude et à des entretiens graves ? Ils ne se laissent point enfler par l'orgueil, ni agiter par la malice, ni aller à l'envie. Ils sont modestes, respectueux et paisibles. Ils offrent à Dieu, comme un sacrifice très agréable, cette concorde étroite et cette application à son service qui est le fruit de sa grâce. Personne parmi eux ne possède quoi que ce soit ; personne n'est à charge à autrui. Ils se livrent à des travaux manuels qui leur permettent de gagner leur vie sans détourner leur âme de la pensée de Dieu. Chacun apporte son travail à des religieux qu'ils appellent doyens, parce qu'ils ont à conduire dix frères ; ce sont eux qui prennent soin de toutes leurs nécessités corporelles : nourriture, vêtements, santé, de sorte que les religieux n'ont pas à s'en occuper personnellement. Ces doyens disposent toutes choses avec grande sollicitude et donnent sans retard tout ce que la faiblesse des corps exige pour mener ce genre de vie. Ils rendent compte de tout à quelqu'un qu'ils nomment Père. Ces Pères sont des hommes d'une conduite très sainte. Ils possèdent, en outre, à un haut degré, la science des choses de Dieu, et ils maintiennent leur âme dans une région supérieure à tout ce qui passe. L'orgueil ne les atteint jamais dans l'accomplissement de leurs devoirs vis-à-vis de leurs fils. Leur autorité pour commander est fort étendue ; la disposition à obéir ne l'est pas moins chez leurs subordonnés. Chaque jour, à la dernière heure, les frères quittent leurs cellules, avant de prendre leur repas, et viennent écouter les enseignements de leur Père. Et on voit ainsi, réunis autour d'un Père, trois mille religieux au moins ; car ils sont parfois beaucoup plus nombreux sous la conduite d'un seul supérieur. Ils écoutent sa parole avec une attention incroyable et dans un profond silence : un gémissement, des larmes, une élévation de la voix modeste et grave, traduisent les sentiments que leur inspire la parole de celui qui les instruit. Ils donnent ensuite à leur corps tout ce qu'il faut pour lui conserver la santé ; chacun réprime son appétit dans la crainte de prendre un plaisir même en se nourrissant de mets pauvres et grossiers. Il ne leur suffit pas de se priver de viande et de vin afin de pouvoir dominer leurs passions ; mais ils s'abstiennent encore de ces mets délicats dans lesquels la viande n'entre pour rien et qui provoquent l'estomac et flattent le palais. Tout leur superflu (il est assez considérable à cause de leur application au travail et de la sobriété de leur repas) est distribué aux pauvres avec plus de soin qu'ils n'en ont mis à se le procurer. Ils ne cherchent pas du tout à conserver des provisions abondantes ; mais, au contraire, ils affectent de ne rien garder ; c'est ainsi qu'ils envoient des bateaux chargés dans les pays habités par les pauvres (1). »

(1) S. Aug., *De moribus Ecclesiæ catholicæ*, c. 31 ; P. L., XXXII, 1338-39.

Saint Augustin traçait ce tableau du monachisme oriental avant de fonder son monastère de Tagaste. Pouvait-il ne pas le reproduire dans ses grandes lignes, tout en l'adaptant aux exigences des lieux et des personnes (1)? Chaque jour apporta un complément ou des modifications, en augmentant l'expérience et la lumière. Les évêques et les moines formés à cette école ne cherchaient pas ailleurs le modèle qu'ils avaient à imiter.

Mais où trouver l'ensemble des observances monastiques adoptées et pratiquées par l'évêque d'Hippone et par les religieux africains? Ni lui ni aucun de ses disciples ne les a réduites dans un corps de lois comparable aux règles et aux constitutions des Ordres modernes. Ce n'était point dans les habitudes des moines de ces âges primitifs. Il faudra descendre jusqu'au VIe siècle pour rencontrer le premier exemple d'une règle complète, permettant d'organiser le monastère avec sa hiérarchie et de fixer avec précision les devoirs et les occupations journalières du serviteur de Dieu. Ce sera l'œuvre de saint Benoît. L'Orient et l'Occident présentent bien au IVe et au Ve siècle plusieurs règles. Mais ce ne sont là que des essais, des ébauches de législation monastique. Elles peuvent aider à se faire une idée de la vie monastique. Mais il est impossible de reconstituer avec elles le monastère tel qu'il se présentait alors.

L'une des plus précieuses qui aient échappé à l'oubli est incontestablement celle qui porte le nom

(1) Cf. Tillemont, XIII, p. 125.

de saint Augustin. Elle est tirée de l'épître qu'il écrivit, en 423, aux moniales d'Hippone pour rétablir la paix parmi elles (1). Il était alors dans la plénitude de son expérience.

Après avoir traité la question qui motivait sa lettre, il passe sans transition à un sujet nouveau. « Voici, dit-il, ce que nous vous ordonnons d'observer dans le monastère (2). » C'est un législateur qui parle. Il promulgue des lois. Et, pour inculquer l'obligation, il dit en terminant : « De peur que l'oubli ne vous fasse négliger quelque point, on vous lira cet opuscule une fois la semaine. Quand vous verrez que votre conduite est conforme à ses prescriptions, rendez grâces au Seigneur, qui distribue tous les biens ; lorsque vous remarquerez des infidélités, affligez-vous du passé, prenez vos précautions en vue de l'avenir ; demandez à Dieu de vous pardonner cette faute et d'éloigner de vous toute nouvelle chute (3). »

La pauvreté est le fondement sur lequel il appuie tout l'édifice de la vie religieuse. Vient ensuite la charité fraternelle. On ne saurait être surpris de l'importance que l'évêque d'Hippone accorde à cette reine des vertus : « Vivez toutes dans l'unanimité et la concorde ; honorez mutuellement en vous le Dieu dont vous êtes devenues les temples (4). » La supé-

(1) Aug., ep. 211, col. 960-965.

(2) *Hæc sunt quæ ut observetis præcipimus in monasterio constitutæ.* (Ibid., 960.)

(3) Ibid., 965.

(4) *Omnes ergo unanimiter et concorditer vivite ; et honorate invicem in vobis Deum, cujus templa factæ estis.* (Ibid., 960.)

rieure est plus que personne tenue de la mettre en pratique. « Elle s'estimera heureuse non de commander, mais de servir ses sœurs dans la charité... Elle cherchera plus à se concilier l'affection qu'à inspirer de la crainte (1). » Les inférieures, à leur tour, lui doivent une grande fidélité, persuadées que, par l'obéissance, elles exercent la miséricorde à son endroit non moins qu'au leur (2). La charité bannit les divisions, les disputes, les actes et les paroles qui sont de nature à blesser le prochain. Si par hasard une sœur en afflige une autre, elle doit lui demander pardon; c'est un devoir sur lequel le saint législateur insiste très fort (3). Cette vertu n'exclut ni la correction fraternelle ni la punition des coupables. La supérieure juge de la peine qu'il convient d'infliger à celles-ci; dans certains cas, il est nécessaire de recourir à l'exclusion (4).

La prière en commun tient forcément une place importante dans la vie de personnes consacrées à Dieu. Elle se fait à l'oratoire, aux heures fixées et dans les formes déterminées. Ces offices se composent

(1) *Ipsa vero non se existimet potestate dominante, sed caritate serviente, felicem... plus a vobis amari appetat quam timeri.* (Ibid., 964-965.)

(2) *Unde magis obediendo non solum vestri, sed etiam ipsius miseremini.* (Ibid., 965.) Dans sa lettre à l'abbé et aux moines de l'île Capraria, saint Augustin demande que les religieux montrent une grande patience à l'égard de leur supérieur : *Cum mansuetudine portantes eum qui vos regit.* Ep. 48, col. 188.

(3) Ep. 211, n. 14, col. 964.

(4) Ibid., n. 11, col. 962.

d'hymnes et de psaumes (1). Certaines parties sont simplement lues; les autres, marquées de signes particuliers, doivent être chantées (2). Ces prières, obligatoires pour tous les membres de la communauté, ne parvenaient pas à satisfaire les besoins spirituels de quelques âmes, attirées par la grâce vers une vie plus contemplative. On leur laissait la liberté de prolonger leur oraison. De peur que des importuns ne vinssent les troubler, la règle interdisait de se livrer dans l'oratoire à aucune autre occupation que la prière (3).

La supérieure était assistée par des religieuses à qui elle confiait les diverses charges de la maison. L'une prenait soin des infirmes; l'autre du vestiaire; une

(1) *Orationibus instate horis et temporibus constitutis... Psalmis et hymnis cum oratis Deum.* Ibid., 7, col. 960. Saint Augustin ne dit rien du texte même des offices. Elles se servaient probablement de la liturgie de l'Eglise d'Hippone. Les Eglises d'Afrique n'avaient pas d'uniformité dans la célébration de l'office divin. (*De hac re varia consuetudo est.* Ep. 55, n. 34, col. 221.) Il paraît même que les Africains ne se montraient pas fort empressés à la louange divine (*et pleraque in Africa Ecclesiæ membra pigriora sunt*, ibid.), tandis que les donatistes passaient un temps considérable à chanter des psaumes composés par des poètes de la secte (ibid.). Mais impossible de rien trouver de précis sur les heures officielles de la prière. Il faut descendre jusqu'au VIe siècle, où l'on voit saint Fulgence recommander aux clercs, aux veuves et aux laïcs de Ruspe d'assister tous les jours aux vigiles, aux laudes et aux vêpres (*quotidianis vigiliis... matutinis et vespertinis orationibus adesse præcipiens*). (Victor Vit., c. 29, P. L., LXV, col. 147.)

(2) *Et nolite cantare, nisi quod legitis esse cantandum; quod autem non ita scriptum est ut cantetur, non cantetur.* (S. Aug., ibid.)

(3) Ibid.

autre, du cellier. Celle qui était préposée à la bibliothèque devait donner les livres à des heures déterminées (1).

Les sœurs reçoivent les vêtements dont elles ont un besoin immédiat. Les autres sont déposés au vestiaire commun, pour être distribués à chacune indifféremment. Augustin fait allusion à la tunique, au voile et à la ceinture (2). Les sœurs les confectionnent de leurs propres mains. L'étoffe du voile est assez épaisse pour cacher complètement la chevelure. Elles évitent par-dessus tout la recherche dans leur manière de se vêtir (3).

Il est possible de compléter ces quelques renseignements avec l'aide des écrits de l'évêque d'Hippone et des écrivains ses compatriotes. L'habit des moines se distinguait de l'habit des laïcs, puisque des hypocrites s'en revêtaient pour affecter les dehors de la sainteté monastique (4). Les Carthaginois les recon-

(1) On voit dans la Vie de saint Fulgence l'abbé Félix partager son autorité avec lui pour le meilleur gouvernement du monastère. Il y est question aussi du prieur (*præpositus*) ou vicaire de l'abbé. (*Vita*, 27, col. 144.) Le saint, pour maintenir tout dans l'obéissance et sous l'action d'une seule autorité, ne voulait pas que son prieur fît quoi que ce soit sans son consentement (ibid., 27. col. 144). En 525, nous trouvons dans le monastère de l'abbé Pierre quelques religieux qualifiés *seniores monasterii.* (Labbe, t. V, col. 586.)

(2) *Sive unde induatur... sive unde cingatur, vel caput contegat.* (Ibid., 12, col. 963.)

(3) Ibid., 12, col. 961. Il y avait des habits d'hiver et des habits d'été : *Pro temporis congruentia.*

(4) *Multos hypocritas sub habitu monachorum.* (Aug., *De opere monach.*, 28 ; P. L., XL, 575.)

naissaient au grand manteau (*pallium*) dans lequel ils s'enveloppaient (1). Saint Augustin voulait que ces habits fussent d'une étoffe commune. Son remarquable bon sens lui faisait éviter la recherche qui se porte aussi bien sur une grossièreté excessive que sur le luxe et la beauté (2). Une fois évêque, il refusa la moindre distinction extérieure, voulant user de la même étoffe que ses prêtres, ses diacres et ses sous-diacres. Des personnes charitables lui offrirent parfois un drap plus précieux, croyant par ce moyen rendre hommage à sa dignité. Mais Augustin mettait ailleurs la dignité épiscopale : « J'aurais honte, disait-il, de porter un habit précieux. Cela ne saurait convenir ni à ma profession, ni à mes membres, ni à mes cheveux blancs (3). » La pauvreté de ces vêtements pouvait inspirer quelque répugnance aux Africains, qui avaient pour la parure un goût si prononcé. Aussi Faustus demandait-il à saint Fulgence s'il aurait la force de s'en contenter (4).

Saint Augustin, ni dans sa règle ni ailleurs, ne fournit aucun renseignement sur le détail des habits monastiques. Mais un témoin du VIe siècle, le biographe de l'évêque de Ruspe, mentionne chacun des vêtements dont usaient les moines ses contemporains. C'était une tunique très pauvre, que retenait la cein-

(1) Salvien, *De Gubernatione Dei*, l. VIII, 4 ; P. L., LIII, col. 156. Mais il ne dit rien de la forme de ce manteau.

(2) Possid., c. 22, col. 51.

(3) Aug., *Serm.* 356 ; P. L., XXXIX, 1579-1580.

(4) *Vita S. Fulg.*, 4, col. 122.

ture de cuir traditionnelle (1). Saint Fulgence portait encore, dans l'intérieur du monastère, un *pallium* en laine et de couleur noire (2). En hiver, et toutes les fois qu'il devait sortir, il prenait la *casula*, ample manteau qui couvrait l'homme depuis les épaules jusqu'aux pieds (3). Il couchait toujours revêtu ; ses disciples ne se souvenaient pas de l'avoir vu quitter sa ceinture, même la nuit. Ni lui ni les siens ne se revêtirent jamais d'étoffes riches et aux couleurs éclatantes. Sa chaussure était fort simple : durant l'hiver, il prenait des caliges, et, en été, il la simplifiait encore. Dans l'intérieur du monastère, il se contentait de sandales, si même il n'allait pas pieds nus.

Mais revenons à la règle de saint Augustin. Elle est d'une discrétion admirable. Ce caractère, qui convient si bien à une règle monastique, marque surtout les prescriptions relatives au régime alimentaire. La mortification et la pénitence sont une partie essentielle de toute vie monastique, qui doit toujours être une vie de privations. Néanmoins, le jeûne et l'abstinence sont proportionnés aux forces de chacune (4). Les sœurs qui ne pouvaient attendre le repas du soir mangeaient à midi. Les aliments étaient pauvres et simples ; Possidius l'affirme de la table de

(1) *Una tantum vilissima tunica indutus, pelliceo cingulo, tanquam monachus, utebatur.* (Ibid., 18, col. 136.)

(2) Ibid.

(3) Ibid. C'est la coule antique de saint-Benoît, moins le capuchon.

(4) *Carnem vestram domate jejuniis et abstinentia escæ et potus, quantum valetudo permittit.* (Aug., ep. 211, 8, col. 960.)

saint Augustin dans son monastère épiscopal (1). Saint Fulgence, plus tard, se contentait de légumes et de fruits, qu'il prenait sans condiment. Croyant, sur ses vieux jours, qu'un peu d'huile contribuerait à lui conserver la vue assez forte pour lire longtemps sans éprouver de fatigue, il se résigna à en répandre une petite quantité sur ce qu'il devait manger. Il n'usait de vin qu'en cas de maladie ; et alors l'eau qu'il y ajoutait lui enlevait toute saveur (2).

Le vin était permis au clergé monastique d'Hippone (3). Par égard pour les hôtes, qui étaient nombreux dans la maison de l'évêque, on servait parfois de la viande sur la table. Mais c'était là une exception. Les moines, en Afrique, se montraient sévères sur ce point. Quelques-uns même ne surent pas éviter l'excès ; car sous l'influence des doctrines manichéennes, ils cherchaient la raison de leur abstinence dans la soi-disant impureté de la chair des animaux. L'évêque d'Hippone, informé par Januarius de ces préjugés, n'hésita pas un instant à les déclarer « manifestement contraires à la foi et à la sainte doctrine (4) ».

Les moniales étaient parfois incapables de porter toute la rigueur de l'observance. Augustin se montre d'une condescendance vraiment paternelle pour les nécessités qu'entraîne la maladie ou la faiblesse de la

(1) *Mensa usus est frugali et parca.* (Possid., 22, col. 51.)

(2) *Vita S. Fulgentii*, c. XVIII, col. 136.

(3) Possid., ibid.

(4) Ep. 55 ; P. L., XXXIII, col. 222. Cf. *De moribus Ecclesiæ catholicæ*, c. XXXIII ; P. L., XXXII, col. 1341.

constitution. Il va jusqu'à permettre des soins particuliers aux personnes qui, ayant eu au sein de la famille un régime délicat, ne peuvent s'habituer à l'austérité de la table commune (1). Celles qui en ont besoin peuvent devancer l'heure du repas, les jours de jeûne (2). Quant aux malades, voici les prescriptions de la règle : « Si une servante de Dieu se plaint de quelque souffrance, il faut la croire sur-le-champ. Dans la crainte que, sous prétexte de chercher un soulagement à son mal, elle ne vienne à exiger des choses propres uniquement à flatter sa sensualité, on consultera le médecin et on suivra fidèlement son avis. La sœur attachée au service des infirmes leur procurera tout ce dont elles ont besoin, sans établir la moindre distinction entre les riches et les pauvres. Les soins se prolongeront durant la convalescence jusqu'à ce qu'elles soient à même de revenir à la pratique exacte des observances régulières (3). »

Saint Augustin permettait de servir aux infirmes de son monastère épiscopal des aliments préparés au dehors par des personnes séculières (4). La condescendance ne pouvait aller plus loin.

Les soulagements concédés au corps ne devaient

(1) *Et si eis qui venerunt ex moribus delicatioribus ad monasterium, aliquid alimentorum, vestimentorum, stramentorum, opertimentorum datur, quod aliis fortioribus et ideo felicioribus non datur.* (Ibid., 9, col. 961.)

(2) Ibid., 8, col. 960.

(3) Ibid., 13 et 9, col. 963-961.

(4) *Non prohibeo religiosos vel religiosas mittere eis quod eis videtur ut mittant.* (Id., serm. 356, col. 1580.)

jamais absorber complètement l'attention de la moniale. Elle offrait à son esprit un aliment supérieur en prêtant une oreille attentive à la lecture qui se faisait durant le repas (1). Toutes observaient un silence profond. On ne leur accordait pas de discuter sur ce qui était lu ni sur aucun autre sujet. Les moines clercs jouissaient d'une liberté plus grande. La lecture cédait parfois la place à des entretiens sérieux. Ces conversations auraient pu néanmoins franchir les limites de la charité chrétienne. Mais la vigilance avec laquelle saint Augustin prévenait les excès de la langue est assez connue pour qu'il soit inutile d'en parler ici (2).

Voilà, dans ses lignes principales et complétées par quelques renseignements empruntés aux écrits de l'évêque d'Hippone et à la Vie de saint Fulgence, cette règle, qui est, au jugement de Tillemont, tout à fait digne de son vénérable auteur (3). Sa rare discrétion et la largeur de vue avec laquelle Augustin apprécie la vie monastique et organise ses diverses observances font que cette œuvre, destinée à des femmes, s'adapte très facilement aux besoins d'une communauté composée d'hommes. Il suffit pour cela de substituer le genre masculin au genre féminin et de faire un petit nombre de suppressions. La règle de saint Augustin, modifiée dans ce sens à une époque reculée, est devenue la *Regula ad servos Dei*, que saint Benoît

(1) Ep. 211, 8, col. 961.
(2) Possid., c. XXII, col. 52.
(3) Tillemont, XIII, 162.

d'Aniane a connue et citée (1). Rien cependant ne permet de faire remonter ces modifications jusqu'au ve siècle, ni de dire qu'elles aient été introduites pour faciliter la pratique de cette règle dans les monastères africains. Plus tard, les chanoines réguliers, si nombreux et si fervents au XIIe siècle, et les ermites de Saint-Augustin, la mirent en grand honneur, et elle devint l'une des quatre grandes règles approuvées par la sainte Eglise. Elle est actuellement suivie par une foule de Congrégations d'hommes et de femmes, qui réussissent, moyennant la précision de leurs constitutions particulières, à l'adapter aux fins les plus diverses.

Mais plusieurs siècles avant l'apparition des chanoines réguliers qui ont pris le titre de Saint-Augustin, elle avait été mise largement à contribution par les législateurs du monachisme occidental. Saint Césaire l'a lue et s'en est servi (2). L'auteur de la *Regula Tarnatensis* lui a emprunté environ dix chapitres (3); ce qui autorisait le cardinal Noris à dire, dans son *Historia Pelagiana*, qu'au fond, ces deux règles sont

(1) P. L., XXXII, col. 1377-1384. Les Bénédictins de Saint-Maur l'ont rencontrée dans un manuscrit de Corbie, qu'ils croient remonter pour le moins au VIIIe siècle : *qui annos præfert plus quam mille.* (Ibid., col. 1377.) Ils ont également publié un fragment, *Regulæ clericis traditæ* (ibid. 1437-1480), la *Regula secunda* (1450-1452), *De vita eremitica liber ad sororem* (1452-1464), que l'on avait faussement attribués à saint Augustin.

(2) Cf. Tillemont, XIII, 163; Malnory, *Saint Césaire, évêque d'Arles*, 260-261.

(3) Cf. Mabillon, *Réponse aux chanoines réguliers*, Œuvres posthumes, t. II, p. 107.

identiques (1). Elle a été l'une des sources nombreuses où le patriarche des moines d'Occident a puisé la doctrine que renferme sa règle immortelle. Le rôle que cette dernière a joué durant tout le moyen âge donne à ce fait une importance spéciale. Aussi me permettra-t-on de signaler les principaux passages de la règle bénédictine qui ont subi l'influence de l'épître 211 de saint Augustin.

Ut non dicatur aliquid proprium, sed sint vobis omnia communia; et distribuatur unicuique vestrum a præposita vestra victus et tegumentum; non æqualiter omnibus quia non æqualiter valetis omnes, sed unicuique sicut opus fuerit. (1 ep., 211, 5 col., 960.)	Ne quis præsumat aliquid habere proprium... Omniaque sint omnibus communia; nec quisquam suum esse aliquid dicat. (S Ben., *Reg.*, c. XXXIII.) Sicut scriptum est: Dividebatur singulis prout cuique opus erat. Ubi non dicimus quod personarum acceptio sit, sed infirmitatum consideratio. (Id., c. XXXIV).
In oratorio nemo aliquid agat, nisi ad quod est factum, unde et nomen accepit, ut si ubi quæ, etiam præter horas constitutas, si eis vacat, orare voluerint, non eis sit impedimentum, quæ ibi aliquid agere voluerint. (Ibid., 7.)	Oratorium hoc sit quod dicitur, nec ibi quidquam aliud geratur aut condatur, ut frater qui forte peculiariter vult orare, non impediatur alterius improbitate. (Id., c. LII.)
Psalmis et hymnis cum oratis Deum, hoc versetur in corde quod profertur in ore. (Ibid.)	Et sic stemus ad psallendum ut mens nostra concordet voci nostræ. (Id., XIX.)

(1) Cf. Calmet, *Commentaire sur la Règle de saint Benoît*, t. II, p. 487, et François Pierre, *Germania Canonico-Augustiniana*, 74-79, dans la *Collectio scriptorum rerum historico-monastico-ecclesiasticarum variorum ordinum religiosorum*, du Père Michel Kuen, Chan. rég.

Nec illas feliciores putent quæ sumunt quod non sumunt ipsæ ; sed sibi potius gratulentur, quia valent quod non valent illæ... Melius enim minus egere quam plus habere. (Ibid., IX, col. 961.)

Ut etiam illud quod suis vel filiabus vel aliqua necessitudine ad se pertinentibus in monasterio constitutis aliquis vel aliqua contulerit... non occulte accipiatur ; sed sit in potestate præpositæ, ut in commune redactum, cui necessarium fuerit, præbeatur. (Ibid., XII, col. 963.)

Ipsa (præposita) vero non se existimet potestate dominante, sed charitate serviente felicem. (Ibid., XV, col. 964.)

Plus a vobis amari appetat, quam timeri. (Ibid.)

Semper cogitans Deo se pro vobis reddituram esse rationem. (Ibid.)

Ubi qui minus indiget agat Deo gratias et non contristetur ; qui vero plus indiget, humilietur pro infirmitate et non extollatur pro misericordia. (Id., XXXIV.)

Quod si etiam a parentibus suis ei quidquam directum fuerit, non præsumat suscipere illud, nisi prius indicatum fuerit abbati. Quod si jusserit suscipi, in abbatis sit potestate, cui illud jubeat dari. (Id., LIV.)

Sciat (abbas) sibi oportere prodesse quam præesse (Id., LXIV.)

Studeat plus amari quam timeri. (Id.)

Agnoscat pro certo quia in die judicii ipsarum animarum est redditurus Domino rationem. (Id., II).

CHAPITRE VII

LE VŒU DE PAUVRETÉ DANS LES MONASTÈRES AFRICAINS

Moines propriétaires. Les héritiers des moines. La communauté des biens à Hippone. La désappropriation et le testament.

La pauvreté religieuse était la première obligation contractée par ceux qui embrassaient la vie monastique. Mais ses obligations n'étaient pas alors aussi nettement déterminées qu'elles le sont de nos jours. Il en résultait de graves inconvénients, dont saint Augustin et Alypius firent l'expérience et auxquels ils tâchèrent de remédier.

Un certain Honoratus, moine de Tagaste, avait été ordonné prêtre de l'église de Thiane. Il croyait que sa profession monastique n'était pas incompatible avec la nue propriété de biens qu'il possédait avant son entrée en religion.

Les habitants de Thiane le savaient propriétaire ; et à sa mort, ils revendiquèrent sa fortune, soit qu'il la leur eût léguée, soit que, alors, l'église fût, de par la loi, l'héritière d'un prêtre décédé sans testament. De son côté, Alypius réclamait cette succession pour le monastère de Tagaste, où Honoratus avait mené la vie religieuse. Son droit était fort contestable. Car les biens dont le moine, pour une raison ou pour une autre, ne disposait pas au moment de sa profession restaient soumis aux dispositions de la loi civile. Il pouvait les donner à qui bon lui semblait ; et, en cas de mort, sans testament, ils revenaient à ses héritiers naturels. C'est ainsi que, peu auparavant, un frère Privatus avait reçu la succession du moine Emilianus.

L'évêque d'Hippone, choisi comme arbitre, voulut trancher une question douteuse à la satisfaction des deux partis ; il proposa de partager à l'amiable. Cette solution déplut souverainement aux chrétiens de Thiane. Convertis depuis peu à l'unité catholique, ils avaient besoin d'être traités avec d'autant plus de ménagement que les donatistes n'auraient pas manqué de crier au scandale et d'exploiter la prétendue avarice des évêques et des moines.

Il fallait par-dessus tout éviter un scandale. Augustin soumit l'affaire à un nouvel examen, il consulta l'évêque Samsucius, et finit par donner gain de cause aux gens de Thiane. Dans la crainte que sa décision ne contristât outre mesure les religieux de Tagaste, il promit de leur accorder une compensation, dès que la chose lui serait possible.

A la suite de cet incident, il résolut, de concert avec Alypius, de n'admettre à la profession monastique personne qui ne se fût, au préalable, dépouillé de ses biens (1). (V. 405.)

(1) Aug., ep. 83, col. 291-294.

Malgré cette sage précaution, il eut encore sur ce même sujet de grands ennuis jusque dans l'intérieur de son propre monastère épiscopal. Le prêtre Januarius avait deux enfants, un garçon et une fille. Ils étaient tout jeunes à l'époque où leur père embrassa la vie religieuse; ils furent placés, le premier, dans un monastère d'hommes, et la seconde, dans un monastère de femmes. On croyait que le père s'était débarrassé de sa fortune, sauf d'une certaine somme d'argent, qu'il disait appartenir à sa fille. Sur ces entrefaites, il tomba malade, déclara que ce capital était sien et déshérita ses enfants, pour constituer l'Église d'Hippone son héritière.

Saint Augustin en ressentit une vive douleur. Pour rien au monde il n'aurait voulu de la succession d'un père qui déshéritait ainsi ses enfants. Mais il fallait avant tout examiner si cet argent appartenait à Januarius ou à sa fille. Celle-ci voulait tout avoir, tandis que son frère en réclamait une moitié. La première se rendit au conseil de l'évêque et de personnes sérieuses; elle consentit à un partage.

Le peuple d'Hippone finit par connaître cet incident. Les ennemis d'Augustin et les détracteurs de son clergé profitèrent de cette occasion pour les dénigrer. Et, comme il arrive toujours en pareil cas, la passion et l'opinion publique exagérèrent le mal. On prétendait que la pauvreté des clercs d'Hippone n'était qu'hypocrisie et que parmi eux plusieurs possédaient. On parlait du prêtre Leporius, qui avait fait bâtir un monastère destiné aux membres de sa famille, un hôpital et une église. On accusait le prêtre

Barnabé d'avoir acheté une propriété pour y fonder un monastère; on parlait sans doute du diacre Sévère, qui avait acheté une maison où habitaient sa mère et sa sœur, et d'autres encore.

L'évêque, qui ajoutait une grande importance à la réputation de son clergé, les justifia sans peine en prouvant que l'argent dont ils avaient disposé leur avait été remis dans ce but et avec sa permission par des personnes charitables. Mais avant de prendre publiquement leur défense, il voulut connaître tout ce qui se passait chez lui. Ne pouvait-il pas craindre que plusieurs ne se trouvassent dans le cas de Januarius? Il importait donc de s'éclairer lui-même, s'il tenait à éclairer l'opinion.

Après avoir rappelé les circonstances de sa venue à Hippone, de son ordination, de sa consécration épiscopale et de la transformation de sa demeure en monastère, il révoqua l'ordre qui imposait à tout son clergé l'exercice de la vie religieuse et déclara qu'il ne priverait pas de leur fonction ceux qui renonceraient à vivre avec lui et avec ses frères. C'était une mesure fort prudente. En effet, dans le but de remédier au scandale, de justifier sa communauté et de prévenir le retour de pareilles défaillances, il se proposait de contraindre tous ses religieux à se défaire légalement des biens qu'ils pouvaient conserver. Ceux qui ne se sentiraient ni la volonté ni le courage d'accomplir cet acte de renoncement, n'ayant plus à redouter le déshonneur d'une dégradation, quitteraient d'eux-mêmes un genre de vie dont ils ne voulaient point accepter les obligations; tandis que les autres

Illisibilité partielle

seraient placés au-dessus de tout soupçon. Saint Augustin promit aux fidèles de leur faire connaître après l'Epiphanie les résultats de son enquête et les fruits qu'il espérait de la mesure annoncée.

Quelle ne dut pas être la joie de son cœur, en constatant la régularité de ses frères et de ses fils, et surtout leur ferme volonté de ne jamais quitter le monastère épiscopal et la vie religieuse qu'ils y menaient! Il lui fut très facile de mettre en ordre certaines choses qui en avaient besoin et de prendre pour l'avenir les précautions que suggérait la prudence. Au jour marqué, il parut devant son peuple et justifia pleinement les clercs sur qui s'étaient portés les soupçons malveillants. Puis il rétracta la permission accordée à ceux qui auraient préféré leurs biens aux avantages de la vie commune, et déclara que s'il rencontrait désormais un propriétaire parmi les membres de son clergé, il le chasserait impitoyablement de son monastère et le priverait de l'exercice de la cléricature sans lui laisser l'espoir d'y être jamais réintégré (1).

Les deux discours que saint Augustin prononça en cette circonstance n'ont pas peu contribué à fixer ce point de la discipline monastique, qui impose au religieux de faire un acte complet de désappropriation avant de contracter ses engagements sacrés (2).

Toutefois cette règle souffrit quelques exceptions.

(1) Aug., serm. 356. P. L., XXXIX, 1574-1581.

(2) Voici ce que saint Benoît prescrit à ce sujet : *Res si quas habet, aut eroget prius pauperibus, aut facta solemniter donatione, conferat monasterio, nihil sibi reservans ex omnibus.* Cap. LVIII.

Dans le monastère épiscopal d'Hippone, le sous-diacre Mauritius, neveu d'Augustin, possédait une propriété que sa mère, morte depuis peu, venait de lui léguer en commun avec ses frères et ses sœurs. Certaines difficultés rendaient pour le moment un partage impossible, de sorte qu'il ne pouvait prendre encore ses dispositions testamentaires (1). Le diacre Valens était dans une situation semblable. Mais il avait fait connaître sa volonté sur la destination que devraient avoir ses biens aussitôt après le partage (2).

Les enfants et les adolescents admis dans les monastères devaient attendre, pour disposer de leur fortune, l'âge fixé par la loi (3). Lorsqu'ils étaient sans famille, ils déposaient leur argent entre les mains de l'évêque ou du supérieur (4). Saint Augustin se montra toujours d'une réserve extrême dans la conservation de ces dépôts. Le jeune Heraclius, religieux de son monastère épiscopal, lui avait remis une certaine somme lors de son entrée. Le saint docteur, voulant écarter de sa personne jusqu'au moindre soupçon d'avoir cherché cette vocation à cause de sa fortune, lui ordonna de l'employer à l'acquisition d'un immeuble dont il conserva la nue propriété, en attendant de pouvoir la donner à l'Eglise (5).

La vie religieuse demande, en effet, des hommes

(1) Aug., ibid., 1575.

(2) Ibid.

(3) *Quia expectabatur ætas legitima.* Serm. 355, 1573.

(4) C'est ce qui arriva pour la fille de Januarius. Ibid., col. 1570.

(5) Id., serm. 356, col. 1577.

et non de l'argent. Ceux qui se présentaient avec de la fortune s'en débarrassaient suivant leur bon plaisir. Le *Da pauperibus* de l'Evangile était leur affaire propre ; ils le pratiquaient comme bon leur semblait. Saint Fulgence commença par faire d'abondantes aumônes ; puis il laissa ce qui ne pouvait être distribué à sa mère, qui devait le transmettre à Claude, son jeune frère (1). Saint Augustin avait tout donné aux pauvres. C'est ce que faisaient le plus grand nombre (2). Beaucoup abandonnaient leur patrimoine, en tout ou en partie, soit à l'Eglise, soit à un monastère. La charité fraternelle et la reconnaissance pour la communauté qui les recevait demandaient qu'ils lui accordassent une part dans leurs libéralités (3). Valens, diacre d'Hippone, donna ses biens à l'Eglise, afin de pourvoir aux besoins des serviteurs de Dieu (4). Les choses se passaient ainsi chez les moniales (5). Les moines d'alors, avec leur largeur d'esprit, considéraient comme faites à leur propre monastère les largesses que les postulants faisaient à des églises éloignées ou à d'autres monastères. « Peu importent les monastères et les lieux où ils ont dis-

(1) *Vita S. Fulgentii*, 7. (P. L., LXV, col. 121.)

(2) Aug., serm. 355, col. 1570.

(3) ... *ejusdem societatis indigentiæ de his rebus quas habebant, vel plurimum, vel non parum conferentibus, vicem sustendandæ vitæ res ipsa communis et fraterna charitas debeat.* (Id. *De opere monachorum*, 25, P. L., XL, 573.)

(4) *Ut inde alantur, qui sunt in proposito sanctitatis.* (Id., serm. 356, col 1575.)

(5) Id., ep. 211, IV, col. 160.

tribué leurs richesses à des frères indigents, disait saint Augustin, car les chrétiens de tous pays ne forment qu'une famille (1). » C'est pour ce motif qu'il exhorte les fidèles à se réjouir des dons faits par Leporius à diverses églises, absolument comme s'ils les avaient eux-mêmes reçus (2). Le diacre Severus avait donné à l'église de son pays natal les biens qu'il y possédait, tandis que Faustinus avait légué une partie des siens à ses frères, et l'autre à une église pauvre (3).

Les moines jouissaient donc de la plus entière liberté pour la disposition de leur fortune, avant de se consacrer au service divin. Les supérieurs veillaient à mettre sur le même pied ceux qui portaient quelque chose et ceux qui se contentaient d'offrir leur personne. Les pauvres, cependant, auraient pu se croire aux yeux de Dieu dans une situation inférieure, puisqu'ils n'avaient rien à sacrifier ni rien à donner. Saint Augustin se plaisait à dissiper cette illusion, car c'en était vraiment une (4) : « Je n'étais pas riche, écrit-il à Hilarius ; mais cette pauvreté ne diminuera point mon mérite. Les Apôtres, qui les premiers nous ont donné l'exemple du renoncement, n'étaient pas riches, eux non plus. Celui qui abandonne et ce qu'il a et ce qu'il désire avoir abandonne le monde

(1) Id., *De opere monachorum*, 25, col. 573.

(2) *Hic non fecit, sed nos scimus et ubi fecit. Unitas Christi et Ecclesiæ una est. Ubicumque fecit opus bonum, pertinet et ad nos, si congaudeamus*. (Id., serm. 356, col. 1578.)

(3) Ibid., 1576.

(4) Id., *Enarratio in Ps.* 103, serm. 3, P. L., XXXVI, col. 1371.

entier (1). » Dieu pèse, en effet, le sacrifice que l'homme fait au fond de son cœur.

Cet acte de désappropriation mettait le religieux sur la voie du renoncement intérieur, qu'il devait continuer durant sa vie entière. Il portait aussi loin que possible la pratique journalière de cette vertu fondamentale. Jamais il ne s'appropriait quoi que ce soit, même en parole (2). Recevait-il de sa famille ou d'un ami un présent quelconque : il le portait sur-le-champ au supérieur, qui le faisait mettre au dépôt commun (3). L'évêque d'Hippone ne manquait pas de dire aux bienfaiteurs que leurs générosités ne recevraient pas d'autre destination. « Offrez à la communauté ce que vous jugez à propos, leur disait-il, il sera mis en commun et distribué aux particuliers suivant leurs besoins... Que personne ne donne de l'étoffe et des tuniques de lin que pour la communauté. Je reçois tout moi-même du fonds commun (4). »

Le moine est dispensé de pourvoir lui-même à ses propres besoins ; il attend tout de la sagesse de ses supérieurs (5). Saint Fulgence était sur ce point d'une sévérité extrême. Il voulait que le religieux ne manifestât aucun désir. Pour faciliter ce détachement

(1) Id., ep. 157, col 692.

(2) *Certe nemo dicit aliquid suum.* (Id., serm. 356, col. 1575.) Cette pensée se retrouve exprimée en termes à peu près identiques dans la Règle de saint Benoît.

(3) Id., ep. 211, col. 962-963.

(4) Id., serm. 356, col. 1579.

(5) Id., ep. 211, col. 161 ; serm. 355, col. 1570.

absolu, il s'efforçait de prévenir les nécessités de chacun (1).

Par sa profession religieuse, l'homme se livrait tout entier à son monastère. C'est pour lui seul qu'il pouvait et devait travailler sans s'approprier la moindre de ses œuvres. « Que personne ne fasse rien pour lui-même, écrit saint Augustin. Travaillez toujours pour votre communauté avec plus de soin, d'empressement et d'allégresse que si vous le faisiez pour vous. La charité soumet les intérêts particuliers aux intérêts généraux, et ne sacrifie jamais ceux-ci à ceux-là. Sachez donc que votre zèle à préférer le bien commun à votre avantage personnel sera la mesure de votre progrès dans la perfection (2). »

La pauvreté, en substituant ainsi l'amour du monastère au désir de se procurer des richesses, stimulait singulièrement l'activité du moine. Fort insouciant lorsqu'il s'agissait de lui, il devenait d'une exactitude et d'un zèle infatigables quand les intérêts de sa famille monastique étaient en jeu ; à tel point que les fidèles peu éclairés se scandalisaient à la vue de leur sollicitude pour les biens temporels et de leur sage préoccupation du lendemain. « Gardez-vous de croire, leur dit à cette occasion l'évêque d'Hippone, que, en agissant de la sorte, ils violent la défense du Seigneur qui interdit de se préoccuper du lendemain. Ce qu'ils font, Notre-Seigneur et les Apôtres l'ont

(1) *Vita S. Fulgentii*, XXVII. (Id. 144.)
(2) Aug., ep. 211, col. 963.

fait. Cet exemple légitime leur conduite et donne au précepte son sens véritable (1). »

Le monastère, à qui revenait tout ce que ses membres recevaient ou produisaient, n'était pas astreint à la pauvreté. Cette vertu et ses saintes obligations tombaient exclusivement sur les individus. La communauté monastique avait une existence légale, qui lui valait le droit de posséder. Elle en jouissait aussitôt après son établissement. Jusque-là les biens qui lui étaient destinés restaient la propriété du fondateur (2). Ils s'accroissaient dans la suite, grâce aux dots des nouveaux frères et aux largesses des bienfaiteurs. Les catholiques se montraient fort généreux à leur endroit (3). Saint Augustin leur avait appris que, en offrant aux serviteurs de Dieu les biens de ce monde, ils s'assuraient une part aux mérites de leur vie (4). Dociles à sa voix, les habitants d'Hippone tenaient à ce que son monastère épiscopal ne manquât de rien. Il les en remerciait avec la bonne grâce et la simplicité qui le caractérisent : « Je me réjouis

(1) Aug., *De sermone Domini in monte*, l. II, 57. (Migne, xxxiv, 1291-95.)

(2) Le prêtre Barnabé conserva la propriété légale des biens que lui avait donnés Eleusinus pour la fondation d'un monastère à Hippone, jusqu'à son établissement. Alors *mutavit instrumenta, ut nomine monasterii possideatur*. (Id., serm. 356, col 1581.)

(3) Cf. Aug. Enar. in Ps. 103, serm. 3, P. L., xxxvi, 1371.

(4) *Cum servis Dei, qui, dum jugiter Deo vacant, aliquoties indigent, illi qui habent mundi divitias, eleemosynas largiuntur, quomodo eos participes faciunt in terrena substantia, sic cum illis partem habere mereantur in vita æterna?* (Id., serm. 11, P. L, xxxviii, cap. xcviii.)

beaucoup de voir que vous êtes le champ du Seigneur, où nous trouvons notre nourriture, nous qui sommes son troupeau (1). » Saint Fulgence, lorsqu'il établissait un monastère, cherchait volontiers le voisinage des chrétiens riches et généreux, qui savaient offrir aux serviteurs de Dieu une part de leur superflu (2).

L'évêque d'Hippone évitait de faire directement appel à la charité des âmes pieuses. Les aumônes lui arrivaient spontanément (3). Il dut même parfois se prémunir contre des offrandes indiscrètes.

Ces aumônes, si abondantes fussent-elles, ne constituaient pas la principale ressource des moines. Elles ne pouvaient non plus les dipenser de la sainte loi du travail.

(1) *Valde nos delectat si nos simus jumenta Dei, vos ager Dei.* (Ibid.)

(2) *Vita S. Fulgentii*, IX et XIV, col. 125 et 131. Serm. 356, 1580.

(3) Possidius, XXIV, col. 54.

CHAPITRE VIII

LE TRAVAIL DES MOINES

Les moines oisifs. Leurs illusions. Doctrine de saint Augustin. Obligation et nature du travail monastique.

A la fin du VIe siècle, les moines qui vivaient dans le diocèse de Carthage agitaient vivement la question de savoir s'ils étaient obligés de travailler pour gagner leur vie. Les uns se prononçaient pour l'affirmative, et ils alléguaient le précepte et les exemples de l'apôtre saint Paul ; les autres embrassaient le sentiment contraire, et ils prétendaient observer ainsi les paroles du Sauveur, qui conseille de ne point travailler, de ne rien conserver et d'attendre de la Providence la nourriture de chaque jour, à l'imitation *des oiseaux et des lis des champs* (1).

Chacun soutenait son opinion avec tant d'ardeur que la paix des monastères s'en trouvait sérieusement compromise. Les catholiques séculiers finirent par

(1) Matth., VI, 26.

prendre part à ces débats (1). L'Eglise avait assez à faire avec les païens, les manichéens et les donatistes, sans laisser les forces de ses enfants s'épuiser au milieu de ces querelles inutiles. Il était urgent d'y mettre un terme, si l'on ne voulait voir ces discussions gagner tous les monastères africains, se propager autour d'eux, et causer à l'Eglise un grand préjudice en compromettant le bien qu'elle pouvait attendre des serviteurs de Dieu.

Les moines paresseux, soit par leurs pratiques, soit par leur doctrine spirituelle, se rattachaient à la secte des massaliens, qui avaient amené tant de désordres dans quelques monastères de Syrie et d'Asie Mineure. Les évêques avaient eu beaucoup de peine à extirper cette secte et les excès révoltants auxquels se livraient la plupart de ses membres. Voici ce que saint Augustin écrit de ces derniers : « Les massaliens ou euchites se livrent à des prières si prolongées, qu'on a de la peine à croire ce qui en est rapporté. Le Seigneur a bien dit : *Il faut prier toujours et ne se lasser jamais* (2), et l'Apôtre : *Priez sans relâche* (3), ce qui signifie ne laisser jamais passer un jour sans consacrer certains moments à la prière. Pour eux, ils poussent si loin l'application de ces paroles, qu'ils ont mérité d'être inscrits parmi les hérétiques... On leur attribue cette autre erreur : Il n'est point permis aux moines de travailler pour gagner leur vie. La vie religieuse

(1) Aug., *Retractationum*, II, XXI. P. L., XXXII, col. 638-639.
(2) Luc., XVIII, 1.
(3) Hebr., V, 17.

qu'ils mènent leur interdit en effet tout travail (1). »

Les moines paresseux refusaient, eux aussi, de travailler; c'était un principe arrêté (2). En échange, ils aimaient à recevoir la visite des séculiers, qui venaient leur demander des consolations spirituelles, Dès qu'un de ces hôtes franchissait la porte du monastère, on les voyait tous accourir, s'empresser autour de lui, lui lire des passages de l'Ecriture, prier et chanter en sa compagnie, et lui adresser des exhortations (3).

Leur occupation habituelle, disaient-ils, était la prière. Leurs journées se passaient à méditer la parole de Dieu, à chanter ses louanges, à faire oraison (4). Ce noble travail était le seul qui convînt à des serviteurs de Dieu, voués par état à la culture des choses spirituelles. C'eût été déchoir que de s'occuper des biens qui passent et de tout ce qui peut se rapporter au corps. Pourquoi renoncer au monde, s'il fallait encore se plonger dans ses occupations et dans ses soucis (5)?

Quelques-uns d'entre eux ajoutaient à ces exagé-

(1) Aug., *De hæresibus ad Quodvultdeus*, I, 57. P. L., XLII, col. 40-41. Cf. S. Epiphane, *Adversus Hæreses*, l. III, hær. 30. Migne, P. Gr., XLII, 756-764. Théodoret, *Hæreticarum fabularum compendium*, l. IV, II, P. Gr., LXIII, 430; *Ecclesiastica historia*, l. IV, 10 (ibid. 1144-1146). Photius, *Bibliotheca*, 52, P. Gr., LIII, 87-91.

(2) *Homines qui operari nolunt.* (Aug., *De opere monachorum*, 2), P. L., XI, c. 549.

(3) Ibid., LI, col. 565.

(4) Ibid., XX, col. 564.

(5) Ibid., XXXII, col. 572.

rations une originalité ridicule, empruntée aux moines syriens. Ils laissaient croître leur chevelure, craignant, selon la malicieuse remarque de saint Augustin, que la sainteté tondue fût moins appréciée que la sainteté chevelue : *Timent ne vilior habeatur tonsa sanctitas quam comata;* ce qui était condamné par l'Apôtre et par toute la tradition monastique (1).

Parmi ceux qui adoptaient ces pratiques et soutenaient ces théories, il y avait des moines vertueux et dignes, par ailleurs, de l'estime de tous les hommes de bien. Ils étaient victimes des illusions de leur esprit, qui, manquant de simplicité et d'équilibre, se complaisait dans des voies extraordinaires. Ils préparaient, à leur insu et avec la meilleure foi du monde, le succès de ces maximes.

Il s'en trouvait d'autres qui n'observaient pas les mêmes rêveries. Si leurs bras étaient inoccupés, leur langue se donnait du mouvement. Ces hommes, recrutés dans les derniers rangs de la société, ou-

(1) Ibid., XXXIX, col. 578. Les moines africains portaient, comme les autres, les cheveux ras. Saint Augustin en fournit une preuve manifeste, lorsqu'il combat cette innovation. Quelques-uns se les coupaient aussi ras que possible, *recisis comarum fluentium jubis usque ad cutem tonsum (monachum).* (Salvien, *De Gubernatione Dei,* l. V, P. LII., LII, col. 156.) Saint Fulgence et l'abbé Félix les portaient moins courts, puisque le prêtre arien Félix, pour les couvrir de ridicule, leur fit raser la tête, *illa decalvatio viris sanctissimis turpitudinem,* etc. (*Vita S. Fulgentii,* II, P. L., LXV, col. 127), ce qui serait inexplicable, si tous les moines avaient eu la tête complètement rasée. Les moniales portaient des cheveux assez longs. Saint Augustin se borne à leur défendre de les laisser à découvert ou de les disposer avec art. (Ep. 211, v, col. 961.)

bliaient qu'avant d'être moines il leur fallait arroser, avec la sueur d'un travail continuel, le pain de chaque jour. Ils faisaient de la paresse la grande vertu des moines, et du travail un défaut et une dégradation. Ils croyaient exercer une grande charité, en faisant tous leurs efforts pour convaincre ceux qui ne partageaient point leur avis et pour les entraîner à leur suite (1).

Les dehors mystiques dont ils enveloppaient leur système n'étaient pas faits pour en imposer aux adversaires du monachisme. Ceux-ci jugeaient très sévèrement ces paresseux vulgaires, qui cherchaient à couler une vie agréable, tout en proclamant bien haut qu'ils s'étaient engagés dans la voie étroite. Les accusations d'hypocrisie et d'oisiveté qu'ils dirigeaient contre eux retombaient sur tous les moines et pouvaient ruiner leur réputation de sainteté, qui rendait à l'Eglise et aux âmes de véritables services.

Aurelius de Carthage comprit le danger que courait l'ordre monastique ; il réagit par tous les moyens en son pouvoir. Peut-être cette réaction commença-t-elle dès 398. On voit, en effet, le quatrième concile de Carthage prescrire aux clercs l'exercice d'un métier pour gagner leur vie (2).

Aurelius s'adressa, vers l'année 400, à son ami

(1) Ibid., XXII et XXVI, col. 567-569.

(2) *Clericus, quantumlibet verbo Dei eruditus, artificio victum quærat.* (IV Conc. Carthaginense, can. 52 et can. 51-53. Labbe, t. III, 1441-1442.) Il n'est pas question des moines dans ces canons. Mais ces théories pouvaient pénétrer tout aussi bien dans les rangs du clergé et y faire un grand mal.

Augustin, pour lui signaler le péril et faire appel à son amour de l'ordre monastique. Personne n'avait, plus que lui, autorité pour faire entendre aux moines le langage de la vérité. Il tint à réfuter complètement cette erreur et à répandre toute la lumière possible sur cette importante question du travail. C'est dans ce but qu'il composa son opuscule : *De opere monachorum* (1).

Le texte de saint Mathieu, que ces égarés mettaient toujours en avant, ne prouve rien, selon lui ; l'interprétation qu'ils en donnaient est contraire à la pensée du Sauveur et à l'enseignement général de l'Ecriture. Au reste, déclarait Augustin, ils ne sont point conséquents avec eux-mêmes. Les lis des champs et les oiseaux sont les modèles qu'ils doivent reproduire. Pourquoi dès lors avoir des celliers, où ils conservent soigneusement le fruit du labeur des autres ? « Les lis des champs ne font point cela. Les oiseaux ne portent pas le blé au moulin, ils ne font pas cuire le pain, ils ne creusent pas de citerne. Pourquoi les paresseux craignent-ils de les imiter en cela (2) ? » Saint Augustin faisait ressortir volontiers le ridicule de leurs théories et de leurs pratiques. Quelques pages plus loin, faisant allusion à la longue chevelure de plusieurs paresseux, il disait : « Veulent-ils encore imiter les oiseaux, en refusant de se couper les plumes dans la crainte de ne pouvoir voler (3) ? »

(1) P. L., XL, 547-582.
(2) Ibid., XXVII-XXVIII, col. 569-570.
(3) Ibid., XXXIX, col. 578.

C'était un excellent moyen de les couvrir d'une utile confusion.

Après avoir renversé les fondements de l'erreur, il établit sur des bases inébranlables l'obligation du travail. L'apôtre saint Paul ne la crée pas; il se borne à formuler nettement une loi imposée par la nature : *Qui non vult operari, non manducet.* Rien n'est plus clair. Vous ne voulez point travailler : faites ce que dit l'Apôtre. Ne préparez pas vos aliments; ne prenez aucune nourriture, et personne ne pourra vous adresser le moindre reproche. — Mais, répliquaient-ils, nous ne refusons point de travailler. Loin de nous la pensée de violer un ordre de saint Paul. Nous cherchons, au contraire, à suivre ses enseignements et ses exemples, en distribuant le pain de la parole divine et en vaquant à la prière. Ne sont-ce point là des travaux véritables? — Tout cela est fort bien; mais les préceptes de l'Apôtre ne sauraient s'exclure les uns les autres. Il suffit de s'y conformer avec sagesse et mesure, comme il le faisait si bien lui-même. Certes, il priait longuement et avec une ferveur qu'il est difficile d'égaler; il se donnait tout entier au service des âmes; pour étendre le règne de l'Evangile, il a parcouru le monde romain. Qui donc aurait pu trouver étrange qu'il s'autorisât de la permission accordée par le Sauveur et de la conduite de ses frères dans l'apostolat pour vivre, lui aussi, de la charité des fidèles? Il ne l'a point fait cependant : son grand cœur refusa d'être à charge à qui que ce soit. Lui, qui savait si bien quêter pour les besoins des Églises pauvres, il se fit un honneur de gagner sa vie. Au milieu de ses nombreuses occupations, il trouva le moyen de consacrer au travail des heures entières. Les moines n'ont aucune de ses excuses; rien ne trouble leur existence paisible. Pourquoi se dispenseraient-ils de la loi du travail, qui oblige tous les hommes (1)?

Les paresseux veulent prier constamment. Sur quelle autorité appuient-ils leur opinion? Les textes qu'ils allèguent recommandent, suivant l'interprétation généralement admise, de prier tous les jours, à certaines heures, et non d'une manière ininterrompue. Ils ne devraient pas ignorer que le mérite de la prière consiste moins dans sa longueur que dans les dispositions de celui qui la fait. L'oraison courte d'un homme qui obéit à Dieu en acceptant la loi du travail vaut plus que les prières interminables de celui qui s'y soustrait. Qui leur interdit, au reste, de prier durant leur travail? Combien d'ouvriers répètent les chansons entendues au théâtre, pendant que leurs mains sont occupées! Ne peuvent-ils, eux, accompagner et consoler leur labeur par le chant des divins cantiques (2)? Ne peuvent-ils pas distribuer à ceux qui les demandent les secours de la vie spirituelle, sans sacrifier l'obligation du travail? Il est inutile de déranger une communauté entière pour accomplir cet acte de charité; et cela, à n'importe quelle heure. Un religieux instruit peut facilement

(1) Ibid., IV-XV, col. 551-560.

(2) *Et ipsum laborem tanquam divino celeumate consolari.* (Ibid., XX, col. 564 565.)

s'acquitter de cette tâche, surtout s'il a soin de le faire à des heures déterminées (1).

Si leur travail ne suffit pas à leur assurer le pain de chaque jour, il leur est permis de compter sur la générosité des chrétiens; ceux-ci doivent subvenir aux nécessités des saints; tandis que les paresseux n'ont aucun droit d'en user pour subvenir aux besoins qui résultent de leur coupable inaction (2). Cependant ils recherchaient ces aumônes, sans lesquelles toutes leurs théories n'auraient jamais pu se propager ni même se soutenir. Un trop grand nombre d'âmes naïves, séduites par leur apparente sainteté, ne les laissaient manquer de rien. Cette charité, que saint Augustin appelle une « miséricorde perverse », les encourageait dans l'erreur; elle devenait une coopération à leur vie coupable (3). L'évêque d'Hippone les détourne de cette imprudente générosité, sachant bien que nul argument n'aurait la même influence pour remettre ces égarés dans le chemin de la sagesse et du vrai.

Mais sur qui pèse, dans le monastère, cette noble et sainte loi du travail ? Sur tous ; car tous sont soumis par le Créateur aux mêmes nécessités corporelles. Ceux qui ont quitté une situation honorable et enrichi la communauté n'en sont pas plus dispensés que les religieux issus de familles pauvres. Le saint docteur permet seulement de leur donner une occu-

(1) Ibid., XXI, 565.

(2) Ibid., XVII, col. 562 564.

(3) *Ne perversa misericordia magis eorum futuræ vitæ noceant, quam præsenti subveniant.* (Ibid., 39, col. 578.)

pation plus élevée et moins pénible. Il est à croire qu'ils n'usèrent pas souvent de cette condescendance. Ce n'était point dans leurs rangs que se recrutaient les paresseux. En règle générale, leur humilité et leur ardeur au travail contrastaient avec la mollesse de ces derniers, sortis pour la plupart des classes laborieuses (1).

Une seule exception est admise : c'est celle que le Créateur impose par l'infirmité ou la maladie. Les règles les plus absolues doivent fléchir leur rigueur devant cette impossibilité.

Les moines appliqués au ministère ecclésiastique ne sont pas affranchis de l'obligation de travailler. Ils remplacent le travail des mains par une autre occupation non moins nécessaire. Ce changement leur est imposé par la volonté de Dieu et par le choix que l'Eglise a fait de leur personne. La charge qui pèse sur leurs épaules est souvent bien lourde. Il en est qui regrettent, comme Augustin, la vie paisible du moine laïc qui peut prier et travailler tout à son aise (2).

Ce sont les exigences de la vie qui déterminent la nature du travail monastique. Puisque le moine doit vivre du fruit de son labeur, il est contraint de donner la première place aux occupations par lesquelles il peut se procurer les aliments et tout ce qui lui est

(1) *Nullo modo enim decet ut... quo veniunt relictis deliciis suis qui fuerant prædiorum domini, ibi sint rustici delicati.* (Ibid., 23, 573.)

(2) Ibid., XXXVII, col. 576-577.

indispensable (1). L'agriculture, cela va sans dire, est son art de prédilection, en Afrique comme partout. Aussi construisait-il son monastère soit dans un jardin (2), soit dans une villa, ou sur un terrain susceptible d'être cultivé (3).

Les pays fertiles attiraient saint Fulgence et ses fondations religieuses (4).

Quelques monastères étaient parfois établis sur un sol aride et rocailleux. Le biographe de l'évêque de Ruspe en signale un qui occupait un îlot voisin de Benefe, où il n'y avait ni terre végétale ni eau potable. Il fallait tout porter du continent (5). Les religieux alors s'occupaient à un art quelconque, la fabrication des éventails par exemple (6). La vente des objets qu'ils confectionnaient ainsi leur ménageait le moyen de se procurer le nécessaire.

En gagnant leur vie à la sueur de leur front, les moines n'étaient à charge à personne. Cela leur assurait une force et une indépendance dont tout l'avantage revenait à l'Eglise et aux âmes. Ils s'élevaient avec plus de liberté et de succès contre les fautes d'hommes qui n'avaient aucun droit aux ménagements imposés par la gratitude, tandis que les aumônes

(1) *Operantur manibus ea quibus et corpus pasci possit, et a Deo mens impediri non possit.* (Aug., De moribus Ecclesiæ catholicæ, XXVI, Migne, XXXII, c. 1338. Cf. *De opere monachorum,* XIV, col. 560)

(2) Id., Serm. 356, P. L., XXXIX, c. 1578.

(3) Ibid., col. 1580.

(4) *Vita S. Fulgentii,* XIV, col. 131. — (5) Ibid., XV, 132. — (6) Ibid.

reçues auraient enchaîné la parole du serviteur de Dieu, toutes les fois que le devoir lui prescrit de blâmer la conduite de son bienfaiteur (1). Les moines de toutes les époques ont, en général, fait grand cas de cette noble indépendance, qui leur permet de livrer le front haut les combats de la justice et de la vérité.

Saint Augustin faisait donc la part très large au travail manuel. Il n'excluait pas néanmoins le noble travail intellectuel. Ils sont indispensables l'un et l'autre à toute communauté religieuse. Aussi dans les monastères sagement gouvernés assignait-on certaines heures de la journée pour la lecture et l'étude des lettres divines (2). La mesure variait probablement selon les lieux, les dispositions des supérieurs et les aptitudes des individus. Les monastères épiscopaux étaient obligés, par le simple fait de leur destination, à cultiver les sciences ecclésiastiques. Les exemples et l'influence de l'évêque d'Hippone et de ses disciples stimulaient chez tous l'ardeur au travail intellectuel. « La science enfle, selon la parole de l'Apôtre, dit-il aux moines. Quoi donc ! devez-vous fuir la science, et choisir l'ignorance, afin d'échapper au péril de

(1) *Multo quippe minori impudentia servi Dei, qui manuum suarum honestis operibus venditis vivunt, damnant istos a quibus nihil accipiunt, quam isti qui propter aliquam infirmitatem non valentes manibus operari, damnant eos ipsos de quorum facultatibus vivunt.* (Aug., ep. 157, col. 692.)

(2) *In bene moderatis monasteriis constitutum est aliquid operibus operari manibus, et ceteras horas habere ad legendum et orandum, aut aliquid de divinis litteris agendum liberas.* (*De opere monachorum*, col. 576.)

l'orgueil ?... Aimez la science ; mais placez au-dessus d'elle la charité... Car la science enfle lorsqu'elle est seule... elle enfle si la charité n'édifie point, tandis qu'elle est ferme et solide quand la charité édifie (1). »

Cet amour des études sacrées se perpétua dans les monastères africains. Un siècle plus tard, saint Fulgence, modèle admirable des moines et apôtre zélé de la vie monastique, ne cachait pas sa prédilection pour ceux qui font de l'étude leur occupation préférée (2). Il était le premier à donner l'exemple. Ses disciples le voyaient, en outre, s'appliquer volontiers à la transcription des manuscrits (3). Les moines africains cultivaient cet art, qui leur permettait d'enrichir peu à peu leur bibliothèque. Chaque monastère avait la sienne. Il y en avait une chez les moniales d'Hippone ; une religieuse était chargée de conserver les volumes et de les distribuer à chacune, aux heures de la journée consacrées à la lecture (4). Possidius parlait avec admiration de la riche bibliothèque que saint Augustin avait réunie (5). Il suffit de parcourir la volumineuse correspondance de l'incomparable docteur pour constater son désir de posséder les ouvrages qui lui manquaient et le soin qu'il mettait à se les procurer.

Mais revenons au traité *De opere monachorum* et

(1) Id., serm. 354. *Ad continentes.* P. L., xxxix, col. 1566.

(2) *Vita S. Fulgentii*, XXVII, col. 144.

(3) *Nam et scriptoris arte laudabiliter utebatur.* (Ibid., xiv, col. 132.)

(4) Aug., ep. 211, col. 964.

(5) Possidius, XXXI, col. 64.

aux moines paresseux, qu'il cherche à réfuter. Ceux qui s'étaient laissé entraîner de bonne foi ouvrirent les yeux sur le caractère de ces dangereuses théories. Combien cependant persévérèrent dans cette erreur et dans les pratiques faciles qu'elle préconisait ! La suite de ce travail le montrera bientôt.

L'obstination de ces mauvais moines ne saurait diminuer l'importance du service rendu au monachisme par cette œuvre de l'évêque d'Hippone. Non seulement elle a pu confirmer dans la possession du vrai et prémunir contre les séductions de l'erreur une foule de cœurs droits, et en ramener un grand nombre d'autres aux saines notions de la vie religieuse ; mais elle a eu l'immense avantage de fixer pour toujours, sur un point de la plus haute importance, la tradition monastique. Plus tard, lorsque le patriarche du Mont-Cassin voulut écrire ce chapitre sur le travail, qui a joué un si grand rôle dans l'histoire de la civilisation européenne, il n'eut qu'à lire le *De opere monachorum* et à en organiser la pratique.

CHAPITRE IX

LES FAUX MOINES

Les mauvais moines. Les circumcellions.

Au commencement du ve siècle, saint Augustin se plaignait déjà du grand nombre d'hypocrites qui revêtaient l'habit des moines et le déshonoraient par leur conduite honteuse (1). Ils se recrutaient parmi les aventuriers et aussi parmi les moines que les supérieurs chassaient du monastère ou qui en sortaient d'eux-mêmes, afin de se débarrasser du joug de la règle.

A côté de religieux dignes de ce nom qui passaient leurs journées à louer le Seigneur, à faire de saintes lectures, à travailler des mains, à conserver entre eux la charité fraternelle la plus délicate, et méritaient ainsi l'estime et l'admiration des fidèles, il y en avait d'autres qui, après avoir troublé et désolé leurs frères,

(1) *Tam multos hypocritas sub habitu monachorum usquequaque dispersit... inimicus homo.* (Aug., *De opere monachorum*, P. L., XXVIII, col. 575.)

finissaient par les abandonner et répandaient contre eux des calomnies révoltantes (1). Ce triste spectacle est de tous les temps et de tous les pays. Il vient, non de la vie religieuse, mais de la nature humaine, qui, partout et toujours, est exposée aux chutes les plus profondes.

Ces mauvais, ces faux moines doivent-ils être une occasion de scandale ? Non, pour les hommes qui savent réfléchir. Seuls, les esprits faibles et ignorants en peuvent manifester de la surprise. Car, dit l'évêque d'Hippone, dans tous les états de l'Église et de la société civile, se trouvent des hypocrites (2). Il y a de faux moines, comme il y a de faux clercs et de faux fidèles. Leur malice ne détruit point la sainteté de l'institution monastique (3).

On voyait ces misérables parcourir les provinces sans lettre de recommandation. Impossible de les faire se fixer quelque part. Les uns se faisaient marchands de reliques ; Dieu sait de quels martyrs ils vendaient les ossements ! Les autres prétendaient aller au loin visiter leur famille. Tous affectaient la pauvreté et les dehors d'une existence sainte, afin de pouvoir plus aisément solliciter et, au besoin, exiger une aumône des chrétiens (4). Ils rencontraient parfois d'excellentes aubaines. Deux de ces vagabonds se

(1) Id., *Enarr. in Ps.* xc, P. L., xxxvi, col. 1278-1279.

(2) Ibid.

(3) *Sed non periit fraternitas pia, propter eos qui profitentur quod non sunt.* (Id. *in Ps.* cxxxii, col. 1730).

(4) Id., *De opere monachorum*, P. L., xxviii, col. 575-576.

présentèrent un jour chez une femme, nommée Ecdicia. Elle était d'une grande piété. De concert avec son époux, elle avait promis de garder la continence. Mais un zèle indiscret la poussait à faire plus encore. Elle voulait donner tout son bien aux pauvres et imiter ainsi la perfection des serviteurs de Dieu. Les deux prétendus moines ne pouvaient mieux tomber. Ecdicia leur donna tout ce qu'elle avait (1). Dès que son mari s'en aperçut, il entra dans une violente colère contre elle et contre les moines.

Elle écrivit à saint Augustin pour se plaindre de ceux qui l'avaient non visitée, mais dépouillée de ses biens. Il ne put que blâmer son inconcevable légèreté (2).

Ces faux moines étaient nombreux parmi les donatistes, où ils formaient autour des évêques une sorte de garde du corps d'un dévouement à toute épreuve, avec toutes les apparences de la vie religieuse (3). Néanmoins les schismatiques refusaient de les appeler moines, *monachi*. Ce nom, disaient-ils, ne se trouve pas dans les Ecritures, et, après tout, que peut-il bien signifier (4) ? Et ils reprochaient aux catholiques de s'en servir pour désigner leurs moines. Le terme, il est vrai, ne se rencontre point dans les divines Ecri-

(1) *Nescio quibus duobus transeuntibus monachis tanquam pauperibus eroganda donaveris.* (Id., ep. 262, P. L., XXXIII, col. 1079.)

(2) Ibid., col. 1077-1082.

(3) *Velut sub professione continentium ambulantes.* (Possidius, P. L., XXXII, col. 41.)

(4) *Sed tamen dicere consueverunt : Quid sibi vult nomen monachorum ?* (Aug., *Enar. in Ps.* CXXXII. P. L., XXXVII, col. 1730.)

tures. Mais l'Eglise n'a-t-elle pas le droit de créer des mots pour préciser le sens de ses institutions (1) ? Pourquoi, leur répliquait l'évêque d'Hippone, nous accuser d'employer un mot vide de sens ? Quelle expression convient mieux que celle-là ? Moine, *monachus*, vient de μόνος, et signifie un, non pas un dans une acception quelconque, mais un seul ; μόνος *enim unus dicitur, et non unus quomodocumque, nam et in turba est unus, sed una cum multis unus dici potest,* μόνος *non potest, id est solus ;* μόνος *enim unus solus est. Qui ergo sic vivunt in unum, ut unum hominem faciant*, etc. (2). Ce nom convient parfaitement à ces hommes qui vivent en commun, de telle sorte que, n'ayant qu'un cœur et qu'une âme, ils ne font réellement qu'un ; ce sont plusieurs corps renfermant un seul esprit et un seul cœur.

Les donatistes préféraient nommer leurs ascètes *Agnostici*, ou soldats du Christ. N'étaient-ils pas, en effet, les soldats du Christ, puisqu'ils combattaient contre le démon et remportaient la victoire (3).

(1) *Et xenodochia et monasteria postea sunt appellata novis nominibus ; res tamen ipsæ et ante nomina sua erunt, et religionis veritate firmantur.* (Id., tract. 97, *In Joan.* P. L., xxxv. col. 1879.)

(2) Id. *Enar. in Ps.* cxxxii, col. 1732-1733. Cette définition du moine ne convient qu'aux cénobites. Paul Orose en donne une qui est plus large et plus complète. *Monachi, hoc est, Christiani, qui ad unum fidei opus, dimissa sæcularium rerum multimoda actione, se redigunt.* (Historiarum, lib. VIII, VII, c. 33. P. L., xxxi, col. 1145.)

(3) *Sic eos (agnosticos), inquiunt, appellamus propter agonem. Certant enim... Quia sunt qui certant adversus diabolum, et prævalent, milites Christi agnostici appellantur.* (Ibid., col. 1732.)

Plût au ciel, leur répliquait saint Augustin, qu'ils fussent vraiment ses soldats, et non les soldats du diable (1) !

Ils se recrutaient dans les derniers rangs de la société. Ils recevaient volontiers les transfuges du catholicisme. C'était pour eux une bonne fortune quand il leur venait des moines ou des clercs. Ils reçurent aussi le sous-diacre Primus, que son évêque avait justement blâmé à cause de ses trop fréquentes relations avec certaines religieuses. Comme il s'obstinait dans cette violation flagrante de la discipline ecclésiastique, il fut déposé de ses fonctions. Outré de colère, il abandonna l'unité catholique, pour passer au camp des soldats du Christ. Il entraîna dans son apostasie deux pauvres moniales, qu'il avait séduites : « Maintenant, il jouit, écrit l'évêque d'Hippone, de la liberté de faire le mal, qui lui était refusée parmi les catholiques (2). »

Il n'y avait donc pas seulement des hommes dans cette armée du schisme. On y voyait une foule de pauvres filles qui menaient je ne sais quelle vie religieuse. Elles se recrutaient dans la secte elle-même, et les donatistes en cherchaient encore parmi les catholiques. Ils attirèrent à eux, malgré ses parents, la fille d'un colon de l'Eglise. Elle n'était encore que catéchumène : après l'avoir baptisée, ils lui imposèrent

(1) Ibid. Les catholiques appelaient aussi leurs moines *milites Christi*. (Id., ep. 220, col. 997. *De opere monachorum*, XXVIII, col. 575.)

(2) Aug., ep. 35. P. L., XXXIII, col. 135.

le voile des vierges et en firent une de leurs moniales (1).

Ces moines voués à la paresse menaient une vie scandaleuse. Ils ne se fixaient nulle part. On les voyait sans cesse courir de côté et d'autre, par bandes plus ou moins nombreuses. Aussi les catholiques les appelaient-ils par dérisions *Circumcelliones* (2). Durant ces courses vagabondes, hommes, jeunes gens, moniales, tous vivaient en commun. Ils faisaient bonne chère quand l'occasion se présentait. Et on devine facilement ce qui se passait au milieu et à la suite de ces orgies (3). Ces frénétiques avaient, en outre, la monomanie du martyre. Ils se précipitaient sur les païens durant leurs fêtes, pour les exciter à leur donner la mort. Ils provoquaient les catholiques, dans l'espérance de tomber victimes de leurs agressions. Quand ils ne pouvaient mériter une fin aussi glorieuse, ils se jetaient d'eux-mêmes dans les flammes ou au fond des précipices. Les donatistes leur rendaient ensuite les honneurs dus aux martyrs (4).

Et dire que leurs évêques avaient l'impudence de les comparer aux moines catholiques... ! Ce rapprochement faisait bondir saint Augustin. Comment, s'écriait-il, peut-on comparer ces ivrognes avec des

(1) Ibid.

(2) *Quia circum cellas vagantur.* Aug., *Enar. in Ps.*, CXXXII, col. 1730.

(3) Id., ep. 35, col. 134-135. *Contra epistolam Parmeniani*, l. II, c. IX, l. III, c. III. P. L., XLIII, col. 62 et 96.

(4) Id., *De correctione Donatistarum.* P. L., XXXIII, col. 792-815, et ep. 204, col. 939-942.

hommes sobres, ces furieux avec des cœurs simples, ces coureurs avec des religieux qui vivent toujours dans leurs monastères, ces misérables adonnés à tous les vices avec des moines chastes et purs (1)?

Dans tous les lieux où se trouvait une église donatiste, il y avait une troupe de circoncellions. Ce qui revient à dire qu'on était sûr de les rencontrer un peu partout en Afrique, au début du ve siècle (2). Les évêques schismatiques entretenaient leur fanatisme par leurs prédications et par le chant d'hymnes et de cantiques imprégnés de leurs erreurs et de leurs passions.

Lorsque les donatistes voulurent répondre par la violence au zèle de saint Augustin, d'Aurelius et du clergé catholique, ces étranges communautés religieuses se transformèrent en bandes d'insurgés, qui parcouraient le pays et commettaient toutes sortes de violences. Les chrétiens redoutaient leur cri de ralliement « *Laudes Deo* » plus que le rugissement du lion (3). Car il annonçait l'arrivée d'ennemis plus dangereux que lui. Ils se jetaient sur quiconque n'était pas de la secte et qui tentait de leur résister ; ils lui infligeaient les plus durs traitements (4). Au début,

(1) Id., *Enar. in Ps.* CXXXII, P. L., XXXVI, col. 1730.

(2) Possidius, c. X, P. L., XXXII, col. 41.

(3) Aug., ibid. Les circoncellions se saluaient en disant *Laudes Deo*; les moines catholiques, en s'exhortant à rendre grâces à Dieu : *Deo gratias. Vide si non debet frater Deo gratias agere, quando videt fratrem suum. Num enim non est gratulationis locus, quando se invicem vident qui habitant in Christo!*

(4) Possidius, ibid.

ils n'avaient d'autre arme que leur bâton, mais ils le trouvèrent bientôt insuffisant; ils se procurèrent des épées, et n'épargnèrent aucun de ceux qui tombaient entre leurs mains. Si encore ils s'étaient contentés de tuer par le glaive ! La haine leur inspirait un raffinement de cruautés dignes des Barbares. C'était pour eux un plaisir que d'aveugler leurs malheureuses victimes en leur versant dans les yeux un mélange de chaux et de vinaigre (1).

Nulle Église n'eut plus que celle d'Hippone à souffrir de leurs agressions. C'est là, en effet, que résidait le principal adversaire du schisme. Ne pouvant l'atteindre lui-même, ils s'en prenaient à ses moines. Augustin avait placé dans le castellum de Fussala, qui appartenait à son diocèse, quelques membres de son clergé, pour s'occuper des chrétiens du voisinage. Les circoncellions s'emparèrent de leur habitation, la livrèrent au pillage selon leur habitude, et ils maltraitèrent horriblement les clercs, dont plusieurs furent aveuglés et les autres mis à mort (2).

Ils faillirent tuer Possidius. Saint Augustin put se soustraire à leurs brutalités ; mais combien de catholiques périrent alors dans son diocèse et ailleurs (3) ! Les moines essayèrent parfois de s'interposer pour calmer leur fureur. Mal leur en prit, car cette intervention leur attirait toujours les plus mauvais traitements (4).

(1) Aug., ep. 88, col. 305-307.
(2) Id., ep. 209, 953-957.
(3) Cf. Tillemont, XIII, 391-432.
(4) Aug., ep. 134, 511-512.

Mais enfin, les évêques catholiques, après avoir usé d'une patience admirable, conjurèrent l'empereur Honorius de venir au secours des Églises africaines (404). Leur appel fut entendu, et bientôt les circoncellions et tous les donatistes, effrayés par une juste répression, déposèrent les armes. Saint Augustin (1) pria instamment le tribun Marcellinus et le proconsul Aspringius de tempérer par la miséricorde chrétienne les rigueurs de la justice humaine et de ne jamais appliquer aux coupables cette peine de mort dont ils avaient, eux, usé trop souvent contre les catholiques. Sa mansuétude reçut la plus belle récompense qu'il pût ambitionner : ce fut l'entrée dans l'Eglise d'un grand nombre de circoncellions. « Oh ! si je pouvais vous montrer, écrit-il à l'évêque schismatique Vincent, les nombreux circoncellions qui professent aujourd'hui publiquement la foi catholique, en déplorant leur vie passée et cette malheureuse erreur qui leur persuadait que toutes les inspirations de leur audacieuse folie avaient pour but le service de l'Eglise de Dieu (2) ! »

Que devenaient ces *agnostici* après leur conversion ? Restaient-ils dans le siècle ? ou leur ouvrait-on les portes des monastères ? Ce dernier sentiment paraît assez vraisemblable. L'Eglise catholique, en effet, ne se bornait pas à proclamer légitimes le baptême et les ordinations conférés par les schismatiques ; elle reconnaissait encore, en vertu des

(1) Aug., ep. 133, col. 509-510 ep 134, col 510-512.
(2) Id., ep. 93, col. 322.

mêmes principes, la validité de la profession religieuse émise chez eux et de la consécration virginale que donnaient leurs évêques. C'est saint Augustin qui l'affirme (1) dans sa lettre à Théodorus, écrite en l'année 491, par conséquent avant le retour des moines schismatiques à l'unité.

(1) *Agnoscentes in eis (donatistis) bona Dei, sive sanctum baptismum sive benedictionem ordinationis, sive continentiæ professionem sive consignationem virginitatis.* (Id., ep. 61, col. 229.)

FIN DU SECOND VOLUME

TABLE DES MATIÈRES

Saint-Amand (Cher). — Imprimerie BUSSIERE.

www.ingramcontent.com/pod-product-compliance
Lightning Source LLC
LaVergne TN
LVHW010041230826
846091LV00005B/1815

* 9 7 8 2 0 1 2 8 4 8 8 8 7 *